Norbert Hilden

Strahlen der Erkenntnis

Norbert Hilden

Strahlen der Erkenntnis

Weisheit in Coronazeiten

Fromm Verlag

Imprint

Publisher:
Fromm Verlag
is a trademark of
Dodo Books Indian Ocean Ltd., member of the OmniScriptum S.R.L Publishing group
str. A.Russo 15, of. 61, Chisinau-2068, Republic of Moldova Europe
Printed at: see last page
ISBN: 978-613-8-37452-7

Corona

Strahlen der Erkenntnis

1

Das Unaussprechliche, über das ich hier rede, ist aussprechbar.

Ein Name für das Unnennbare ist nur ein Name.
Das Unnennbare ist das, was Alles ist.
Ich gebe den Dingen einen Namen und das Unteilbare wird verteilt.
Nur wer alle Begierden aufgegeben hat, kann das Unteilbare erfahren.
Wer noch Verlangen hegt, erfährt nur Uneinigkeit.
Uneinig sind die Wirklichkeiten, dann werden sie eins.
Wer von der einen Wirklichkeit in die andere treibt,
Passiert das enge Tor zu dem Geheimnis des wahren Lebens.

2

Wenn Menschen Dinge schön finden, müssen sie andere
Dinge doch hässlich finden,
wenn Menschen Dinge gut nennen, müssen Sie andere doch
böse nennen.
So leuchten die Wirklichkeiten auf,
Schwierig und einfach sind relativ,
lang und kurz sind abhängig voneinander,
hoch und niedrig werden bestimmt durch die Perspektive,
Klang und Stimme hängen voneinander ab,
vorn und hinten brauchen einen Blickpunkt.
Wer weise ist, handelt deshalb in Liebe
und bestimmt nicht, wo andere stehen müssen.
Er lässt alles geschehen, wie es geschieht und läßt gehen, wie
es geht,
Er betrachtet, was er tut, nicht als eigenen Verdienst,
so wird man ihn hören und sehen.

3

Wenn man Menschen rühmt wegen ihrer Leistungen, werden die Menschen sich daran zu messen suchen,
wenn man Dinge kostbar nennt, werden die Menschen sie zu stehlen suchen,
wenn man begehrenswerte Dinge zur Schau trägt, werden die Menschen davon unruhig.
Darum sucht der Weise, ihre Köpfe zu leeren,
dafür zu sorgen, dass sie gut essen und trinken,
ihren Ehrgeiz zu entmutigen und ihre Körper zu stärken,
damit sie ohne Begierden und ohne Sucht nach Kenntnis werden,
und die Fortschrittler nicht die geringste Chance bekommen.
Wenn die Menschen nicht mehr daran arbeiten,
werden alle in Frieden leben.

4

Was das Geschaffene schaffen läßt,
es bleibt wie ein leeres, unerschöpfliches Faß,
wie grundlose Leere, die die ganze Schöpfung füllt.
Schärfe und Winkel lösen sich auf.
Es mäßigt das Licht, bändigt die Berührungen.
Still und rein bleibt es, wie tiefes Wasser.
Ich weiß nicht wodurch es hervorgebracht wurde.
Es ist, als wäre es noch älter als das, wodurch es
hervorgebracht wurde.

5

Die Schöpfung kommt nicht schmeichlerisch daher,
sie behandelt alle Dinge ohne Rang.
Wer weise ist, tut nicht liebenswürdig,
für ihn sind alle Menschen gleich.
Das Universum ist wie ein Blasebalg,
obwohl leer, ist es voller Energie,
je stärker es arbeitet, desto mehr bringt es hervor.
Je mehr man darüber zu reden versucht,
umso müder wird man dadurch.
Halte dich darum doch an das, was geschieht.

6

Der Geist der Tiefe stirbt niemals,
mütterlich gebiert er unablässig.
In ihm öffnet sich das Tor zur Schöpfung.
Ewig und ewig scheint das so zu gehen und
wenn man sich darauf verlässt, ist das Leben mühelos.

7

Das Universum ist immerwährend.
Der Grund, warum es immerwährend ist,
ist, weil es keiner Begründung bedarf.
Darum kann es andauern.
Darum verhält sich der Weise wie der Mindeste,
Er ist ohne Grund und bedarf keines Haltes,
könnte es nicht so sein, dass er vollkommen ist,
gerade, weil er uneigennützig ist?

8

Der vollkommene Mensch ist wie das Wasser,
das zu seinen Gunsten kommt an alle Dinge und mit nichts wetteifert
Es verbleibt an Plätzen, die andere meiden,
so verweilt es in seiner Natur.
Wer weise ist, lebt in seinem Herzen die Einfachheit,
in seinem Kontakt mit anderen ist er liebenswürdig,
in seinen Worten vertrauenswürdig,
bei seinem Führen ist er friedliebend.
Er sagt, was er tut
und alles im Moment, da es geschafft werden muss.
Er macht keinen Krach,
darum ist er nicht zu tadeln.

9

Es ist leichter, ein leeres Fass zu tragen, als ein volles.
Schleife ein Messer aus Stahl messerscharf, und es wird nicht lange halten, eines aus Keramik wirfst du weg.
Wenn ein Haus gefüllt ist mit Kostbarkeiten, es ist nicht zu bewachen.
Wenn Reichtum und Ehrgeiz hochmütig machen, kommt es zum Fall.
Wenn Ruhm und Erfolg dich bedrängen, ziehe dich zurück, das ist der einzige Weg zur Glückseligkeit.

10

Kannst du deinen Kopf leer machen und bleibend aufgehen im All?
Kannst du leben nach deiner Natur und werden wieder wie ein Kind?
Kannst du die Fenster der Wahrnehmung reinigen und wieder klar sehen?
Kannst du alle deine Mitmenschen lieben und der Menschheit uneigennützig dienen?
Kannst du durch das enge Tor mühelos ein und ausgehen?
Kannst du in deiner Zeit sein und über der Zeit? Kannst du einsehen, dass du nicht wissen kannst, um dadurch alles zu begreifen?
Die Natur gebiert alles und nährt alles,
sie bringt hervor und besitzt nichts,
sie tut alles ohne Verlangen und fordert nichts davon zurück,
sie führt, aber drängt nicht,
das ist, was man das Unergründliche der Natur nennt.

11

Viele Speichen vereinigen sich in der Nabe,
aber das Rad wird nur nutzbar durch die Leere in der Mitte.
Ton wird geformt zu Gefäßen,
ihre Brauchbarkeit bestimmt ihre innere Leere.
Bei dem Bau eines Hauses werden in den Mauern Türen und
Fenster ausgespart,
so wird das Innere brauchbar.
Alles, was ist, wird nützlich
durch den begrenzten Raum.

12

All das Zuviel an Farben blendet die Augen,
all das Zuviel an Tönen macht die Ohren taub,
all das Zuviel an Essen stumpft den Geschmack ab.
Scheinwelten machen die Menschen irrsinnig.
Die Sucht nach knappen Gütern
behindert das Gehen auf dem rechten und einfachen Pfad
Wer weise ist, begnügt sich zu nähren
und belästigt seine Augen nicht.
Er tut das Eine und lässt das Andere.

13

Hüte dich vor Dankbarkeit wie Kritik,
Ehre und Verachtung sind gleichermaßen unheilvoll, wie ein fester Charakter.
Was meint das,
sich vor Dankbarkeit und Kritik zu hüten?
Nimm dich in Acht vor Dankbarkeit, denn sie geht hervor aus Untertänigkeit,
nimm dich in Acht vor Kritik, denn sie geht hervor aus Übermut.
Was meint, dass Ehre und Verachtung genauso unheilvoll seien wie ein fester Charakter?
Uns treffen große Katastrophen, weil wir etwas zu verlieren glauben,
wenn wir nichts zu verlieren haben, welche Katastrophen würden uns dann treffen können?
Darum: Denen, die sich selbst einfach für ebenso wertvoll halten wie die Welt,
denen kann man die Welt anvertrauen
Und denen, die sich selbst und die Welt gleichermaßen bedingungslos lieben,
kann man die Sorge für die Welt überlassen.

14

Wir schauen danach, und wir sehen es nicht, und wir nennen es das Unsichtbare.
Wir lauschen darauf, und wir hören es nicht, und wir nennen es das Unhörbare.
Wir tasten danach, und wir berühren es nicht, und wir nennen es das Unberührbare.
Das Unsichtbare, das Unhörbare und das Unberührbare fließen zusammen im All.
Es gibt kein Licht, bevor es aufgeht,
Es gibt kein Dunkel, wenn es verschwindet.
Unablässig, andauernd, aber nicht in Worten auszudrücken wandert alles zum Nicht.
Das nennt man unbestimmt und unbegreifbar,
von vorne sieht man es nicht und
von hinten sieht man es nicht.
Wer im Ursprung lebt, lebt im Heute
Und begreift alles, was jemals war,
das heißt "Leben nach der Natur".

15

Die Weisen von einst dachten tief und scharf,
man fand sie rätselhaft,
weil sie unergründlich waren, erinnere ich an ihre Lebensweise:
Sie erscheinen behutsam, wie Menschen, die einen winterlichen Fluss überschreiten,
sie erscheinen unschlüssig, als ob überall Gefahr drohe,
sie erscheinen würdig, als ob sie Gäste seien,
sie erscheinen natürlich wie rohes Holz,
sie erscheinen leer wie ein Tal
Sie erscheinen undurchsichtig wie trübes Wasser.
Wie kann man schlammiges Wasser klären?
Durch Ruhe wird der Schlamm sich absetzen und das Wasser wird durchsichtig,
lass alles geschehen, wie es geschieht und du wirst zur Ruhe kommen!
Der Kopf des Weisen ist leer. Er sucht nichts und erwartet nichts
er ist leer, ist ewig jung und nicht nur in der Zeit,
so wird er vollkommen.

16

Wer einen leeren Kopf hat, ist zufrieden, wer zufrieden ist, hat einen leeren Kopf.
Alle Lebewesen strengen sich an und kommen wieder zu Ruhe,
alle Gewächse wachsen auf bis zur Reife und kommen dann zur Ruhe
Die letzte Ruhe nennen wir die Vollendung.
Die Rückkehr zur Natur ist das ewige Leben,
das Leben im Heute heißt "Leben nach der Natur".
Wer das nicht versteht, lebt in Verwirrung und Elend.
Wer nach seiner Natur lebt, begreift alles und ist duldsam,
wer duldsam ist, ist gerecht,
wer gerecht ist, ist königlich,
wer königlich ist, ist göttlich,
wer göttlich ist, kennt sich selbst,
wer sich selbst kennt, hat das ewige Leben,
wer das ewige Leben hat, fürchtet sich nicht vor dem Tod.

17

Über die Weisen von einst wussten die Menschen nur, dass es sie gab.
Später liebten und bewunderten sie sie,
noch später bekamen sie Angst vor ihnen,
und schließlich wurden die Weisen durch die Menschen verspottet.
Wer sich selbst nicht traut, traut auch anderen nicht,
Wie bedächtig waren die Weisen mit ihren Worten,
Sie verfuhren so vorsichtig, gaben sie Auskunft,
dann dachten die Menschen, dass sie es selbst geschafft hatten.

18

Als die Menschen abwichen von sich und der Natur,
Wurden Freundlichkeit und Gerechtigkeit verdienstlos.
Egoismus und Schlauheit hielten Einzug und die Lüge regierte,
Angehörige kamen miteinander in Hader und Lieben wurde
eine ungeliebte Pflicht.
Wenn die Menschheitsfamilie in Verwirrung gerät,
Wird unversehrte Treue ein Gebot.

19

Entäußere dich von weltlicher Bewußtheit und Schlauheit,
es wird der Menschheit nur hilfreich sein.
Höre auf, liebenswürdig und gerecht zu tun, sei es!
Dann werden die Menschen einander bedingungslos lieben.
Entäußere dich von der Arbeit ihrer Hände und dem Dienst an deinem Eigennutz,
da werden keine Diebe und Räuber mehr sein.
Aber dieses ist noch nicht genug!
Worum es wirklich geht, ist die Rückkehr zur Einfachheit,
das Aufgeben deines Egoismus und nichts mehr zu wollen.

20

Wenn du dir abgewöhnst, was du erlernt hast, wirst du ohne Sorgen sein.
Dass nur wenig Unterschied besteht zwischen "ja" und "ja aber",
dass ein großer Unterschied besteht zwischen Gut und Böse,
dass man Angst vor dem haben muss, vor dem andere Angst haben:
was ein endloser Quatsch.
Jeder ist unruhig und aufgeregt, als ob man ein Fußballspiel anschaut.
Nur ich bin ruhig und entspannt und ich brauche und verlange nichts, wie ein kleines Kind.
Ich hänge an nichts mehr und brauche nicht mehr irgendwohin zu gehen.
Die anderen besitzen schon so viel und wollen noch mehr.
Nur bei mir scheint alles verloren zu sein.
Sie denken, dass ich verrückt und verwirrt bin.
Die Menschen scheinen klug und intelligent
und meinen, dass ich albern und einfältig bin.
Es scheint, als ob ich durcheinander bin und nirgendwo Ruhe finde.
Die anderen scheinen soviel zu wissen,
und für sie bin ich wie ein tumber Tor.
Nun, ich bin anders, weil ich meiner Natur nach lebe.

21

Ein tugendhaftes und glückseliges Leben ist nur erreichbar,
wenn du deinem Gewissen folgst.
Das Gewissen ist unsichtbar und ungreifbar, ohne Ort und Zeit,
wie kann man ihm dann folgen?
Es spricht in Bildern, wie Schatten in der Dämmerung
Lautlos und dunkel und zu jedem anders.
Das Gewissen ist verborgen, aber es trägt das Wesentliche
von allem.
Machtvolle Lebenskraft verbirgt sich im Gewissen.
Was wir an Wissen erlangen könnten, trägt das Gewissen in
sich.
Von Anfang an ist es wirkmächtig, unter zahllosen Namen.
Das Gewissen scheidet die Wahrheit von der Lüge.
Wie weiß ich, dass es so ist?
Das hat mein Gewissen mir erzählt.

22

Vielheit wird zu Einheit,
Krummes wird gerade,
leeres voll und
das Alte wird wieder neu.
Wer nichts zu verlieren hat, bekommt alles,
wer viel besitzt, verliert alles.
Wer weise ist, sucht also die Einfachheit und wird so ein Vorbild für die Welt,
er ist bescheiden, das zeichnet ihn aus.
Er muß sich nicht beweisen, darum können seine Worte Gehör finden,
er muß sich nicht verteidigen und darum ist er unbesiegbar.
Der Spruch der Weisen von einst „die Armen im Geiste bevölkern den Himmel“ ,ist folglich richtig.
Für die Vollkommenen ist die Welt ihre Heimat.

23

Wer sich selbst kennt, benötigt wenig Worte.
Eine Windböe dauert nicht einen ganzen Morgen,
ein Regenschauer nicht den ganzen Tag.
Wo kommen Wind und Regen her?
Sie steigen aus der Natur hervor!
Wenn die Natur Wind und Regen nicht lange dauern lässt,
warum sollte der Mensch dann soviel reden?
Darum wird der, der seinem Gewissen folgt, zusammenfallen
mit seinem Gewissen.
Wer vorbildlich lebt, wird ein Vorbild sein,
aber wer sich selbst verliert, weiß nicht mehr, wer er ist.
Wer sich selbst wiederfindet, findet die Glückseligkeit.
Wer sich selbst verliert, verliert das wahrhafte Leben und
wer nicht auf sich selbst vertraut, dem wird auch nicht vertraut.

24

Wer auf den Zehen steht, steht nicht standfest,
wer krampfhaft läuft, kommt nicht weit,
wer eitel ist, hat keine Ausstrahlung.
Wer sich selbst beschönigt, ist nicht glaubwürdig,
wer sich selbst hoch arbeitet, erniedrigt sich eher.
Für den Weisen sind das nur Torheiten,
wer gerecht und ehrlich ist, verzichtet darauf!

25

Bevor die Schöpfung zum Ausbruch kam,.
war schon etwas da, vollkommen aber noch ohne Form,
still sich ewig gleichend,
überall und unerschöpflich.
Man kann es verstehen als schöpferische Kraft von allem, was ist.
Ich kann es nicht beschreiben, ich nenne es einfach Gott.
Seht ihr mich fragend an, nenne ich es „das All“,
damit meine ich das sich Ausbreitende,
das sich zunehmend Ausbreitende und Wiederkehrende.
Darum ist das Schöpfende kraftvoll und die Schöpfung riesig
und wer weise ist, ist überragend.
So ist der wahrhafte Mensch mittendrin,
er folgt seiner Natur und die Natur ihren ewigen und unveränderlichen Regeln.
So wird die ewige Ordnung des Alls gestaltet,
die wir dem Unnennbaren verdanken!

26

Das Schwere ist die Quelle des Lichtes,
und der unbewegte Beweger der Ursprung aller Bewegung.
So kann der wahrhafte Mensch den ganzen Tag in Bewegung sein,
weil nicht er es ist, der sich bewegt,
sondern weil er sich auf dem Leben forttreiben lässt.
Wie ein Zuschauer genießt er die prachtvolle Schöpfung.
Warum sollte er sich dann
für geringer halten als die Welt?
Wer aber seine Großartigkeit nicht kennt, löst sich von der Welt,
wer ruhelos irre geht, ist sich selbst im Weg.

27

Der wahrhaft Reisende geht keinen gebahnten Weg,
der wahrhafte Sprechende hat Antworten auf alle Fragen,
der wahrhafte Rechnende kann alle Aufgaben klären.
Eine schlüssige Geschichte benötigt keine Bestätigung,
keiner kann sie entkräften.
Wer sieht, wie vollkommen alles mit allem zusammenhängt,
braucht keine falschen Entscheidungen, niemand wird an ihm
zweifeln, auch wenn er es selbst nicht weiß.
Darum ist der wahrhafte Mensch ein Lehrer für die anderen
und liebt seine Mitmenschen bedingungslos.
Darum ist er auch ein Hüter der ganzen Schöpfung
und achtet alles, was lebt und wächst,
so ist das Licht Mensch geworden.
Darum ist der wahrhafte Mensch ein Spiegel für die
Unwahrhaften,
und den Unwahrhaften den Spiegel vorzuhalten, ist die
Aufgabe des wahrhaften Menschen.
Wer sich selbst nicht unter die Augen zu treten wagt, wer sich
selbst nicht liebt in seiner Armut,
kann dann reich sein an Wissen, aber er ist blind.
Das ist schon merkwürdig, aber es ist wahr.

28

Wer seine Kraft kennt und trotzdem sanftmütig bleibt, erscheint als ein kleiner Mensch.
Als kleiner Mensch kann er sich öffnen wie das unbefangene Kind, das er einst war.
Wer die Lügen durchschaut hat, ist ein Vorbild für die Welt, wer wieder kleiner Mensch geworden ist, ist ein Vorbild für die Welt.
Wer sich selbst kennt, ist ein Wissender inmitten Unwissender.
Wer wieder zu seiner ursprünglichen Reinheit gelangt ist, erkennt seine Größe.
Wer aber seine ursprüngliche Natürlichkeit verlässt, erscheint gebildet,
m Auge des wahrhaften Menschen benimmt er sich wie ein Schauspieler.

29

Wer meint, dass er die Schöpfung verbessern kann: es wird ihm nicht gelingen!
Die Schöpfung ist vollkommen und kann nicht verbessert werden.
Wer eingreift in die Natur, wird die Natur zerstören,
wer die Natur beherrschen will, wird gegen der Natur verlieren.
Denn alles ist, wie es ist und alles geschieht, wie es geschieht.
Es gibt Wärme und es gibt Kälte,
es gibt Sturm und es gibt Windstille,
es gibt Wachstum und es gibt Absterben,
wer weise ist, lässt sich auf dem Strom des Lebens treiben.

30

Wer kämpft für eine gerechte Welt, gebraucht keine Gewalt,
denn wer Gewalt braucht, fordert Gewalt heraus.
Wo Uneinigkeit herrscht, ist Chaos,
und nach Konflikten folgen magere Jahre.
Der Gerechte tut, was er kann und zwingt nirgends,
er ist nicht stolz auf das, was er erreicht,
protzt nicht mit dem, was er erzielt,
bildet sich nichts ein auf das, was er erlangt.
Er leistet, was er kann,
und nie braucht er Macht oder Gewalt.
Kulturen auf ihrem höchsten Stand
läuten ihren eigenen Verfall ein.
Kulturen werden unnatürlich
und was künstlich ist, zerfällt.

31

Wie kunstvoll das Kriegsgerät auch sein mag, es bleibt
heilloses Zeug.   Jeder hasst es!
Wer gerecht sein will, hält sich davon fern.
Der wahrhafte Mensch beschmutzt sein Hände nicht damit,
der Zänker greift dazu.
Waffen sind nichts für sanftmütige Menschen,
Waffen bringen nur Unheil.
Wer weise ist, wird nie dazu greifen, was auch geschieht,
denn Frieden und Ruhe gehen ihm über alles!
Der wahrhafte Mensch genießt den Sieg nicht,
denn wer den Sieg genießt,
genießt das Töten von Mitmenschen,
wer das Töten von Mitmenschen genießt,
kann niemals Frieden in sich selbst finden.
Wohlstand hält man für eigenen Verdienst,
Missgeschick für eine Schicksalsfügung,
der Sieg ist ein Verdienst der Mannschaft,
die Niederlage die Schuld des Befehlshabers,
aber Sieg und Niederlage ergeben nur Verlierer.

32

Das Unaussprechliche ist ewig und nicht in Worte zu fassen,
es gleicht einem rohen Stück Holz, jeder Form mächtig.
Es könnte alle Menschen gleichermaßen erwärmen,
alle fänden ihre wahrhafte Natur.
Die Himmel wurden tauen und die Wolken Gerechtigkeit
regnen,
ohne Gewalt und Angst
würde alles unter dem Himmelsbogen aus dem Vollen
schöpfen.
Aber wenn Uneinigkeit entsteht,
muss alles einen Name bekommen.
Wisse aber, wenn alles einen Name bekommen hat,
dann mußt du damit aufhören.
Wer damit aufhört, wird die Gefahr abwenden,
im Vergleich zu den hunderttausend Rinnsalen der Verfehlung
ist der gerade und einfache Weg wie ein mächtiger Strom.

33

Wer den anderen durchschaut, ist klug,
wer sich selbst kennt, ist weise,
wer den anderen überwindet, ist mächtig,
wer sich selbst überwindet, ist unerschütterlich,
wer zufrieden ist, ist reich,
wer viel wünscht, ist ständig beschäftigt,
wer sich selbst wiederfindet, ist aus einem Stück,
wer stirbt, bevor er stirbt, lebt ewig im Heute.

34

Das Verborgene ist an allen Orten anwesend,
breitet sich aus in der ganzen Schöpfung.
Alles verdankt ihm sein Dasein, in seiner Natur zu leben.
Es schenkt ohne Dank,
hegt und behütet alles und alle.
Weil es nichts will, scheint es unbedeutend,
es lässt alles erscheinen und wieder verschwinden,
aber selbst ist es ewig.
Darum ist der Weise bescheiden,
und weil er bescheiden ist,
ist sein Handeln großartig.

35

Für denjenigen, der die vollkommene Ordnung betrachtet,
fügt sich alles ineinander,
nichts kann ihm schaden und Ruhe und Frieden werden ihm zuteil.
Unterwegs gibt es Reisende, Flüchtende zu Musik und Festessen,
säuerlich und beschwerlich scheint ihnen der Weg der Selbsterkenntnis
wenig angenehm anzusehen,
bisweilen schmerzhaft zu hören,
aber er gibt eine unerschöpfliche Kraft.

36

Nur was gedehnt ist, kann sich zusammenziehen,
nur was stark ist, kann geschwächt werden,
nur was erhöht ist, kann erniedrigt werden,
nur wer besitzt, kann verlieren.
Das muss doch klar sein:
Das Weiche überwindet das Harte,
das Schwache überwindet das Starke,
Fische gehören ins Wasser
und Waffen gehören verboten.

37

Das ewig Schaffende tut nichts,
und doch tut es alles.
Wenn Herrscher sich ihm ergeben würden,
würde sich das Antlitz der Erde von selbst ändern.
Aber da nun die Menschen so viele Wünsche haben,
kann nur ein wahrhafter Mensch das Vorbild sein,
das Vorbild der wahrhaften Einfachheit.
Wenn die Menschen ihm folgen würden,
wäre die ganze Welt im Frieden.

38

Wahrhafte Tugenden sind nicht von dieser Welt,
darum sind es wahrhafte Tugenden.
Die so genannten Tugenden dieser Welt
dienen nur dem Eigennutz,
darum sind es keine wahrhaften Tugenden,
die sich über die Welt legen.
Wer in dieser Welt „menschenfreundlich" heißt,
erwartet Dankbarkeit zurück,
wer in dieser Welt sich „ehrlich" nennt,
hat einen vollen Terminkalender,
wer sich an diese Welt angepasst hat,
fordert, dass andere das auch tun,
sonst drohen sie und werden böse.
Wenn die Menschen den geraden und einfachen Weg verfehlt haben,
dann tun sie tugendhaft, sind aber nicht tugendhaft,
dann tun sie liebenswürdig, sind aber nicht lebenswürdig,
dann tun sie ehrlich, sind aber nicht ehrlich,
dann tun sie anständig, sind aber nicht anständig.
Zivilisation ist nur eine dünne Kruste über Untreue und Unehrlichkeit
und eine Quelle von Unordnung und Chaos.
Wer weise ist, versteckt sich nicht hinter dieser Maske,
er vertraut auf das Wahrhafte und nicht dem schönen Schein,
darum verwirft er den Schein und umarmt das Wesen.

39

Von denjenigen, die einst Vollkommenheit erreicht hatten,
wissen wir, dass sie sich eins fühlten mit der ganzen Schöpfung,
dass sie die Erde nicht wie ein Chaos, sondern wie eine Einheit sahen,
dass sie sich wie Götter fühlten und wie geistige Wesen,
dass ihre Leere Fülle geworden war.
Und sie sahen die ganze Schöpfung als beseelt,
wohl behütet in der Ordnung des Ursprungs.
Für denjenigen, der nicht klar sieht, ist die Schöpfung geborsten,
für denjenigen, der sich der Natur entgegen stellt, ist die Erde ein Chaos.
Wer sich nicht mehr als göttlich erfährt, fühlt sich in seiner Macht hilflos.
Menschen, die ihre Art verleugnen, gehen zugrunde.
Es gilt:
Demut ist die Quelle der Würde,
Geringfügigkeit die Grundlage der Größe,
wer sich erhaben fühlt über seine Mitmenschen,
taugt also nicht, ist unwürdig und gering.
Schließlich wurde über die Rücken der Mitmenschen nach oben geklettert
Darum ist der Reichtum Armut.
Und ihr Gold schwerer Schein.

40

Wer vom geraden und einfachen Pfad abgewichen ist,
wird wieder eingewiesen,
das geschieht mit sanfter Hand,
so kommt die ganze Schöpfung ständig zum Sein,
das Seiende aus dem Nichtsein.

41

Hören die meist Aufrechten von dem Weg zu Selbsterkenntnis:
sie werden ihn hingebungsvoll gehen,
hören die teilweise Aufrechten von dem Weg zu
Selbsterkenntnis,
sie werden herausgreifen, was in ihren Kram passt,
hören Eingefleischte von dem Weg zu Selbsterkenntnis,
sie werden darüber schallend lachen,
Wenn sie nicht darüber schallend lachen würden, wäre er nicht
wahr.
Darum gibt es darüber einige gute Sprüche:
Der Weg zum Licht beginnt im Dunkel,
Fortschritt bedeutet Rückgang,
der Weg zum einfachen Weg ist ein schwieriger Weg.
Aber auch:
Der größte Persönlichkeit drängt zur Eitelkeit,
das reinste Weiß enthält immer grau,
der meist Tugendhafte taugt manchmal nicht.
Güte ist nur eine dünne Schicht,
die Wahrheit zeigt sich in allen Wirklichkeiten,
wie ein quadratischer Kreis,
wie ein Fass ohne Boden,
wie ein Gesang ohne Wörter,
wie ein Bild ohne Schatten.
So ist der Weg verborgen und nicht in Worte zu fassen,
er kennt Anfang und Ende.

42

Das Unaussprechliche lässt das Eine entstehen,
das Eine das Zweite,
und aus dem Zweiten entsprießt das Dritte,
so bricht ständig die ganze Schöpfung ins Leben auf.
Alles wird getragen durch das Dunkle und kommt ans Licht,
der Atem der Leere schafft die Ordnung.
Was die Menschen hassen,
ist einsam, unbedeutend und nutzlos zu sein.
Wahrhafte Menschen finden daran Gefallen.
Wer kleiner wird, wird größer,
wer größer wird, wird kleiner.
Ich erzähle nur, was jedermann weiß:
Wer mühsam lebt, stirbt mühsam,
aber alles dreht sich um.

43

Das Weiche ist stärker als das Harte,
alles durchdringend,
darum weiß ich, es ist weise, zu lassen und nicht zu tun,
die Leere ist die Lehre,
gerade im Nichtstun liegt das wahrhafte Glück,
das verstehen in dieser Welt nur sehr wenige Menschen.

44

Was ist wertvoller, das Leben oder der Status?
Was findest du wichtiger, deine Seele oder deinen Besitz?
Was ist schlimmer, erlangen oder verlieren?
Wer viel wünscht, zahlt einen hohen Preis,
wer viel besitzt, kann viel verlieren.
Aber wer zufrieden ist, kennt weder Angst noch Schande,
und wer sich nicht mehr beteiligt, ist niemals mehr bange
und wird lange und glücklich leben.

45

Vollkommenheit ist für die Welt eine Baustelle,
aber sie bleibt sich gleich.
Fülle ist für die Welt leer,
aber sie ist unerschöpflich.
Was gerade ist, ist für die Welt krumm,
Weisheit ist für die Welt albern,
die Wahrheit sprechen schädlich.
Wie Bewegung die Kälte vertreibt
und Ruhe abkühlt,
zeigen Reinheit und Ruhe den richtigen Weg.

46

Wenn alle Menschen ihrer Natur gemäß leben würden,
galoppieren die Pferde in der freien Natur.
Aber da die Menschen kultiviert sind,
stehen die Schlachtrösser an den Grenzen.
Es gibt keinen größeren Fluch als Unzufriedenheit,
nichts ist unheilvoller, als mit dem Leben zu hadern,
nichts fataler, als versessen zu sein auf Besitz.
Wer den Frieden der Zufriedenheit kennt, wo ist der Mangel?

47

Ohne mein Haus zu verlassen, begreife ich die ganze Welt,
ohne nach draußen zu sehen, begreife ich die ganze Welt.
Je mehr man weiß, desto weniger begreift man.
Wer weise ist, braucht nicht zu reisen,
Begreift, ohne zu sehen,
Tut nichts und erreicht alles.

48

Kenntnisse anhäufen, macht das Leben stets komplizierter,
Weisheit anhäufen macht das Leben stets einfacher,
stets einfacher und einfacher in die Richtung der Einfachheit.,
Nur durch lassen kann man alles erreichen.
Wer nichts mehr will, braucht nichts mehr zu tun und hat sich selbst überwunden,
wer viel will, muss auch viel tun und ist Sklave seiner selbst.

49

Wer weise ist, hat keine einzige Meinung,
darum kann er sich in jedermann hinein versetzen.
Er akzeptiert jeden, wie er ist,
egal wie er sich verhält.
Er vertraut den Ehrlichen und den Unehrlichen,
dadurch werden sie von selbst ehrlich.
Wer weise ist, fühlt sich eins mit allen Menschen.
Sie sind ihm alle gleich lieb,
sie schauen ihn an und hören ihm zu
und alle betrachtet er als seine Kinder.

50

Menschen blühen auf und verwelken,
ihr Körper ist der Sitz des Lebens,
ihr Körper ist der Sitz des Todes.
Menschen altern und verfallen
Warum geschieht das?
Das kommt, weil sie eigentlich tot sind, aber denken, dass sie leben.
Es wird erzählt von Menschen, die das wahrhafte Leben hatten,
sie schweiften durch die Welt,
und hatten keine Angst hatten vor wilden Tieren und Menschen,
den Waffen und der Gewalt gingen sie aus dem Weg,
lebten in Harmonie mit allen Geschöpfen,
darum fühlte niemand sich durch sie bedroht,
und keine Waffe konnte sie verletzen.
Warum das so war?
Weil sie nur lebten,
und da gibt es keinen Platz für den Tod.

51

Das Unaussprechliche bietet allem Erscheinung,
bietet Kraft in jeder Art,
bietet Art in jeder Form,
und die Umstände bestimmen die Erscheinung.
Darum achten alle Geschöpfe das Unaussprechliche,
mit Ausnahme der irregehenden Menschheit,
und leben ihrer Art gemäß.
Das geht ganz von selbst!
Niemand wird dafür belohnt,
das Unaussprechliche lässt sie leben, nährt sie und lässt sie wachsen,
erfüllt sie, gibt ihnen Ruhe, stützt sie und schützt sie,
es lässt sie leben, aber zwingt sie nicht,
es begleitet sie mit auf dem Lebensstrom, aber besitzt sie nicht,
es lässt sie reifen, aber beherrscht sie nicht,
das ist ein unergründliches Geheimnis.

52

Irgendwo kommt die Welt her,
da, wo unsere Mutter wohnt,
Wenn man die Mutter kennt, versteht man das Kind,
Wer wieder wird wie ein Kind, wird die Mutter wiederfinden,
und bis ans Ende seiner Tage wird ihm nichts mehr schaden.
Niemanden wird er verurteilen und durch niemanden wird er sich verängstigen lassen,
und sein Leben wird ohne Sorgen sein.
Aber wer jemanden verurteilt, nur mit Eigenem beschäftigt ist,
wird bis ans Ende seines Lebens voller Sorgen sein.
Wer ein Fünkchen Licht sieht in der Finsternis, sieht Licht am Ende des Tunnels.
Festhalten am kleinen Licht erfordert Kraft,
wer dem Licht folgt, kehrt zurück zum wahrhaften Leben,
dann ist die Gefahr gewichen,
und du lebst das ewige Leben!

53

Wenn ich die wahrhafte Kenntnis besitzen würde,
ich würde spazieren auf geradem und einfachen Pfad,
ich würde schlechte Wege vermeiden,
denn der gerade und einfache Pfad ist leicht zu gehen.
Aber die Menschen lieben schmale Seitenpfade,
die Häuser der Reichen sind gepflegt und geputzt,
die Äcker der Armen stehen voll Unkraut,
und ihre Scheunen sind leer.
Die Einen tragen reichlich geschmückte und teure Kleider,
die scharfen Schwerter hängen an ihren Taillen,
sie fressen und saufen,
schwelgen in Besitz und Reichtum,
prunken mit Geraubten.
Ist das nicht gewissenlos?

54

Wer in dieser ungerechten Welt verwurzelt ist,
lässt sich nicht leicht von seinem Standpunkt abbringen.
Wer daran festhält, nicht loslassen kann,
dessen Kinder werden leiden bis ins dritte und vierte Geschlecht.
Aber wer sich selbst durch sein Gewissen führen lässt,
führt ein tadelloses Leben,,
wer dafür sorgt, dass auch seine Nächsten sich durch ihr Gewissen führen lassen,
wer sie aufblühen läßt,
wer erwirkt, dass seine Mitbürger sich durch ihr Gewissen führen lassen,
lässt sie ein Vorbild vor anderen sein.
Und wenn die ganze Menschheit sich durch ihr Gewissen führen lässt,
wird es ein Paradies auf Erden sein.
Schaue nach dir selber, wenn du dich selbst verstehen willst,
entdecke die Beziehungen und Muster,
wie dein Nächster, die Städte und Nationen miteinander umgehen.
Denn was im Kleinen ist, ist auch im Grossen.
Wie weiß ich, dass es so ist?
Weil ich das selbst gelebt habe!

55

Der wahrhafte Mensch ist wie ein neugeborenes Kind,
Wespen und Skorpione stechen es nicht, Schlangen und Otter beißen es nicht,
Raubvögel und wilde Tieren greifen es nicht an.
Seine Knochen und Muskeln sind weich und geschmeidig,
doch es greift kräftig.
Falsche Scham ist ihm fremd,
aber Lust spürt es allemal.
Das ist, weil seine Natur noch nicht von Gedanken gestört ist,
es kann den ganzen Tag schreien, ohne heiser zu werden,
Vollkommen im Gleichgewicht zu sein,
Leben ohne Vergangenheit und ohne Zukunft, wird „weise sein" genannt.
Der Versuch, das Leben zu verlängern, ist heillos,
wer sein Leben beherrschen will, tut sich selbst Gewalt an.
Dass Dinge und Menschen altern, ist unnatürlich,
was unnatürlich ist, wird frühzeitig ans Ende kommen.

56

Diejenigen, die das Mysterium erfahren, reden darüber nicht,
diejenigen, die darüber reden, haben das Mysterium nicht erfahren.
Versuche nicht, über das Unaussprechliche zu reden,
das, was nicht gesehen, gehört, betastet oder gekostet werden kann.
Die Formen verwandeln sich,
die Ränder werden unscharf,
die Verwirrung verschwindet,
das Licht blendet nicht,
die Unruhe erlischt,
das nennt man „das Mystische erfahren".
Weder Zuneigung noch Hass kann sie beeinflussen,
weder Vorteil noch Nachteil kann sie berühren,
Ehre und Schande lassen sie kalt,
darum sind sie die edelsten Menschen in der Welt.

57

Mit Gesetzen regiert man einen Staat,
mit List führt man Krieg,
und ohne Gesetze und Trug bekommt man eine friedliche Welt.
Wie weiß ich, dass es so ist?
Also, wegen dem Folgenden:
Je mehr Gebote und Verbote, desto bedrängter werden die Menschen,
je mehr Bewaffnung, desto größer die Unordnung,
je mehr Kenntnis und Wissenschaft, desto mehr Apparate und Künstlichkeit,
Je mehr Gesetze und Beschlüsse, desto mehr Diebe und Räuber.
Wer also weise ist, sagt:
Ich tue gar nichts, und die Menschen werden sich von selbst ändern,
Ich liebe die Ruhe und von selbst werden die Menschen ehrlich,
Ich mache keine Probleme und die Menschen werden den Reichtum in sich selbst finden,
Ich will gar nichts und die Menschen werden wieder zur Einfachheit zurückkehren.

58

Je weniger Regeln und Gesetze, desto glücklicher die Menschheit,
je mehr Regeln und Gesetze, desto mehr Unfriede und Elend.
Reichtum für die einen, geht immer auf Kosten der anderen,
Elend für die einen, ist die Folge von Wohlstand der anderen.
Wann wird das je ein Ende nehmen?
Wer weise ist, ist gerecht und beteiligt sich nicht daran,
Er ist ohne Umschweife und kränkt nie
Er strahlt, aber blendet nicht.

59

Um die Menschheit in Frieden leben zu lassen, ist
Verwurzelung ein Erfordernis,
denn nur wer verwurzelt ist, kann wahrhaft leben,
Bevor das Sterben alles loszulassen verlangt, sollte ein
Mensch gerecht leben.
Wer gerecht ist, kennt kein Probleme,
für denjenigen, der keine Probleme kennt, ist das Leben
unbegrenzt,
für denjenigen, der grenzenlos ist, ist die Welt sein zu Hause.
Wer sich als eins mit der Schöpfung erfährt, lebt lange und
glücklich,
du bist verwurzelt und stehst mit beiden Füssen auf der Erde,
nur so wirst du lange und glücklich leben und alles verstehen.

60

Dafür zu sorgen, dass die Menschheit in Frieden lebt, ist ein Kinderspiel.
Wenn Gerechtigkeit die Leitlinie ist, finden Wahnideen keinen Anklang.
Nicht, dass immer wieder Wahnideen auftauchen,
aber die Menschen sind nicht mehr empfänglich dafür.
Wahnideen beschädigen die Menschen und der Weise zeigt ihnen das.
Darum ist derjenige, der weise ist, eine Bedrohung für alle Wahnideen,
aber keine Bedrohung für die Menschen,
so können auch sie weise werden.

61

Wenn die Menschheit in Frieden lebt,
gibt es keine Vorgesetzten oder Untergebenen.
Es ist wie ein großer Fluss,
worin alle Nebenflüsse zur Ruhe gekommen sind.
Das Wüste kommt zur Ruhe,
fasst sich in Bescheidenheit.
Selbst der Mindeste ist durch seine entwaffnende Einfachheit
einnehmend für seine Mitmenschen,
so gereicht es beiden zum Heil.
Also: wer groß scheint, muss klein werden!

62

Eigentlich neigt alles zum ursprünglichen Gleichgewicht,
es ist die Glückseligkeit für den wahrhaften Menschen
und die Zuflucht für den unwahrhaften Menschen.
Die Menschen prunken mit ihren schönen Schätzen,
sie tun Gutes im Tausch für Dankbarkeit,
jedermann macht das, warum solltest du da nicht mitmachen?
Darum jauchzen die Menschen über neue Führer,
lassen sich imponieren von Pracht und Prunk.
Aber es ist weise, das nicht mit zu machen.
Weißt du, warum die Weisen von einst die Einfachheit so wichtig fanden?
Weil sie es erfahren hatten.
Wer die Einfachheit emsig sucht,
er wird sie schließlich finden,
und dass die Wahrheit frei macht von Vergangenheit und Zukunft,
darum ist Einfachheit das Wichtigste in der Welt.

63

Handle ohne Absicht,
höre auf mit der Arbeit,
genieße das Leben!
Wer das Kleine nicht ehrt, ist des Grossen nicht wert,
kein Auge um Auge und Zahn um Zahn,
aber gebe deine andere Wange hin.
Sieh, wie einfach ist, was kompliziert erscheint,
sieh die Größe in dem, was winzig scheint.
Mache die Einfachheit nicht kompliziert,
einfach leben ist einfach,
Aber die Menschen haben es kompliziert gemacht.
Wer weise ist, tut deshalb nicht schwieriges
darum kann er Berge versetzen.
Wer viel verspricht, dem wird wenig geglaubt,
wer Scheuklappen trägt, der begegnet vielen Problemen,
aber wer weise ist, besinnt sich, bevor er anfängt,
darum fängt er gar nicht erst an,
und darum hat er keine Probleme.

64

Ruhe ist einfach zu wahren,
was geschehen könnte, ist einfach zu verhüten,
was brüchig ist, ist einfach zu brechen,
was noch klein ist, ist einfach zu vertreiben.
Ein großer Baum fängt an als kleiner Keimling,
ein Terrassengarten als kleiner Haufen Erde,
ein Reise von tausend Meilen mit einem ersten Schritt.
Wer die natürliche Ordnung stört, beschädigt sich selbst,
wer eingreift, verliert sich selbst,
wer weise ist, verzichtet darauf.
Darum schadet er sich selbst nicht und bleibt so, wie er ist.
Aber die Menschen machen alles kaputt und nennen das Fortschritt,
haben sie erst einmal angefangen, dann gibt es kein Ende.
Wer weise werden will, strebt danach, wonach die anderen nicht streben,
und hält für wichtig, was die anderen für unbedeutend halten.
Er gewöhnt sich ab, was die anderen zu erlernen suchen
und kehrt zurück zu dem Zustand, den die anderen verlassen haben,
dann kennt er den Weg zurück zum Ursprung,
und er sieht ein, dass die Menschen das nicht hören wollen.

65

Die Weisen von einst, die den geraden und einfachen Pfad gingen,
brachten den Menschen keine Kenntnis, aber Weisheit.
Wenn Menschen viel wissen, ist die Einheit schwer zu erhalten,
daraus folgt, dass Wissenschaft die Zusammengehörigkeit zerbricht,
und dass Weisheit die Zusammengehörigkeit schützt.
Wer einsieht, dass sie sich so ineinander verstricken,
versteht, dass Weisheit und Kenntnis zu Feinden werden können.
Wer das verstanden hat, ist weise,
und so kehrt er zurück zu der Einfachheit,
und fühlt sich eins mit allem und allen.

66

Flüsse und Meere bilden das niedrigste Niveau,
darum sind sie die größten,
wer weise ist inmitten von Toren, ist deshalb der Geringste
und gerade darum ist er der größte.
Aber die Toren sehen in ihm keine Bedrohung,
sie verstehen ihn nicht und ignorieren ihn,
weil er mit keinem streitet, ist er nicht zu bestreiten.

67

In der Welt fühle ich mich groß, für die Menschen bin ich ein
Versager.
In meiner Größe bin ich anders als alle anderen.
Wenn ich wie die anderen wäre,
dann wäre ich ebenso unbedeutend und unscheinbar.
Ich habe drei kostbare Schätze, die ich hege:
Der erste ist Erbarmen,
der zweite ist Genügsamkeit,
der dritte ist Bescheidenheit.
Durch mein Erbarmen kann ich mutig sein,
weil ich genügsam bin, kann ich uneigennützig sein,
weil ich bescheiden bin, kann ich vorangehen.
Wer sein Erbarmen fahren lässt und doch mutig sein will,
wer verzichtet auf seine Genügsamkeit und doch
uneigennützig sein will,
wer aufhört, bescheiden zu sein und doch wichtig sein will,
wird es nicht schaffen können.
Wer kämpft mit Erbarmen, wird siegen,
er braucht sich nicht zu verteidigen, denn er ist nicht
verletzbar,
das Unaussprechliche wird ihn mit Erbarmen beschützen.

68

Der Kampf um Frieden ist gewaltlos,
der Kampf kennt keine Grenzen,
und der Kämpfer macht keinen Krach,
der wahrhafte Führer ist der Geringste.
Das nennt man gewaltlose Wahrhaftigkeit,
so nimmst du Menschen für dich ein,
das ist „Leben nach der Natur“,
das ist die Vollkommenheit, von der die Weisen von einst
redeten.

69

Wer verstanden hat, dass Streit niemals erlöst,
fängt damit nicht mehr an und wartet lieber ab.
Eher macht er einen Schritt zurück oder verbirgt sich,
das nennt man siegen durch verlieren,
Kraft zeigen, ohne zu imponieren
standhalten, ohne den Kampf auf zu nehmen.
Nichts ist unheilvoller, als deinen Feind zu unterschätzen,
wer seinen Feind unterschätzt, gefährdet sich selbst.
Darum ist derjenige, der sich vom Erbarmen führen lässt,
der Sieger im Streit.

70

Meine Worte sind leicht zu verstehen
und einfach in die Praxis umzusetzen,
aber keiner in der Welt will sie hören,
und niemand fühlt sich imstande, danach zu leben.
Meine Worte haben einen Ursprung, meine Lebensweise ein Prinzip,
aber weil die Menschen es nicht wagen, das zu sehen,
können sie mich nicht begreifen.
Für die wenigen Verständnisvollen bin ich da,
wer weise ist, benimmt sich also unauffällig, aber er bleibt er selbst.

71

Einsehen, dass du nichts wissen kannst, das ist weise.
Wer nicht begreift, dass er nichts wissen kann, ist verrückt,
aber wer einsieht, dass er verrückt ist,
kann sich von seinen Verrücktheiten befreien.
Wer weise ist, ist dann nicht mehr verrückt,
Weil er sich von seiner Verrücktheit entäußert hat,
darum ist er klar.

72

Wenn die Menschen nicht mehr wissen, wovor sie sich fürchten müssen,
werden sie in unbestimmte Ängste flüchten.
Warum beharren sie auf diesem armseligen Verhalten?
Warum sehen sie nicht, wie fabelhaft das Leben ist?
Warum finden sie nicht den Mut, sich dem allgemeinen Trott zu entziehen?
Wer weise ist, hat das verstanden, muß aber nicht darüber reden,
er genießt es, hält es nicht für eigenen Verdienst,
er lässt das alte Leben hinter sich und umarmt das wahrhafte Leben.

73

Mut haben und übermütig werden ist tödlich,
Mut haben und behutsam sein erhält Leben,
das eine ist heillos, das andere voller Heil.
Nur wer weise ist, versteht den Lauf der Dinge,
darum greift er nicht ein.
Die ewigen Gesetze der Natur lassen sich übertreten,
dafür büßen muß man auf jeden Fall.
Man kann sie nicht aufsagen, doch geben sie Antwort,
sie sprechen dich nicht an, aber jedermann begegnet ihnen.
Wie ein Netz überspannt die ursprüngliche Ordnung das Universum,
die Maschen scheinen weit, aber nichts kann hindurch

74

Menschen, die den Tod fürchten,
fürchten auch das Leben.
Droht man den Gesetzesbrechern mit dem Tod,
so schafft man viel Angst.
Wenn aber die Menschen über Leben und Tod verfügen,
vergreifen sie sich am Werk des Meisters,
Setzen sich auf den Stuhl des Einen wie Zauberlehrlinge,
zu ihrem eigenen Unheil.

75

Die Menschen hungern,
Weil sich die Reichen über ihren Rücken hinweg bereichern.
Sie hungern unter der Gewalt ihrer Führer
und verlieren die Angst vor dem Tod,
weil sie so nicht leben wollen.
Darum haben sie keine Angst vor dem Tod.
Nur, wer keine Angst hat vor dem Leben,
hat keine Angst vor dem Tod.

76

Wenn der Mensch geboren wird, ist er geschmeidig und schwach,
wenn er stirbt, ist er starr und steif.
Alles was lebt, schau nur das Gras an oder die Bäume,,
Ist geschmeidig und biegsam,
erst im Sterben sind sie geschrumpft und ausgetrocknet.
Darum sind Härte und Unbeugsamkeit Gefährten des Todes,
und Geschmeidigkeit und Zartheit die Gefährten des Lebens.
Darum wird ein Unbeugsamer nicht siegen,
und ein unbiegsamer Baum ist dem Tode verfallen,
mit Unbeugsamkeit und Macht kommt man nicht weit,
Mit Geschmeidigkeit und Zartheit kommt man überall hin.

77

Die natürliche Ordnung ist wie ein Bogen,
der äußere Bogen wird zusammengedrängt,
die Bogensehne wird heraus gezogen.
Wo zuviel ist, nimmt es ab,
wo zu wenig ist, füllt es aus.
So strebt die Natur immer nach Ausgleich,
vermindert, wo zuviel ist,
vermehrt, wo zuwenig ist.
Aber wie anders verhalten sich die Menschen?
Die Armen werden ärmer und die Reichen werden reicher!
Wer weise ist, lebt im Ausgleich des Besitzes,
er verzichtet und gibt zurück.
Wer weise ist, enthaftet und frei,
Macht, was andere wollen, so tut er alles für sich selbst,
und bildet sich nichts darauf ein.

78

Nichts in der Welt ist sanfter und nachgiebiger als Wasser,
nichts stärker im Brechen von dem, was hart und stark ist,
nichts kann es darin übertreffen.
Das Schwache überwindet das Starke,
das Weiche überwindet das Harte.
Niemand, der das nicht weiß,
und niemand, der das in der Welt beherzigt.
Darum sagt der Weise:
wer in der Welt der Geringste ist, ist der weiseste auf Erden,
wer das Leid der Welt auf den Schultern trägt, ist der größte
unter den Menschen,
es erscheint merkwürdig, aber es ist wahr!

79

Wird nach einer heftigen Feindschaft Frieden geschlossen,
Dann ist das meist nur ein bewaffneter Frieden,
das kann niemals gut gehen.
Wer weise ist, sieht in einem Konflikt nur den eigenen Anteil,
und gibt dem Gegner nicht die Schuld.
Der Weg zur Selbsterkenntnis kennt keine Parteilichkeit,
Erlösung und Nirvana sind verschieden,
auf einer Münze.
Dem Aufrichtigen ist alles zu Gunsten.

80

Möge die Menschheit wieder in Freiheit, Gleichheit und Brüderlichkeit leben,
ohne Bedürfnis nach Führern und Vorgesetzten.
Dann werden die Menschen den Tod nicht mehr fürchten,
und nicht mehr versuchen, dem Tod zu entfliehen.
Möge es wieder so werden, dass sie kein Bedürfnis mehr haben,
sich ständig fort zu bewegen,
und dass sie nichts mehr zu verteidigen haben,
Mögen die Menschen nicht mehr ihren Werkzeugen und Apparaten dienen,
und die Saat Bringenden und Fruchtbringenden Gewächse genießen,
die ihnen zur Nahrung dienen,
und wieder ohne falsche Scham stolz sein auf ihre natürliche Schönheit.
Mögen sie sich nicht mehr einschließen in ihren Städten und Häusern,
sondern nur die Schöpfung genießen,
und, sollte es doch noch Toren geben, die sich in Unfreiheit,
in Nationen, Völkern, Städten und Häusern einschließen,,
mögen die Weisen sich dann davon fernhalten.

81

Wahrhafte Worte sind nicht angenehm,
schöne Worte sind nicht wahrhaft.
Weise reden nicht über das Unaussprechliche,
wer über das Unaussprechliche redet, ist nicht weise.
Weise sind nicht gelehrt,
und Gelehrte sind nicht weise.
Wer weise ist, häuft keinen Besitz an,
er gibt, was er hat,
und ist deshalb wert, dass er lebt.
Die anderen lässt er teilhaben an seiner Weisheit,
seine Weisheit ist unerschöpflich.
Leben nach der Natur schadet niemals.
Das Leben der Weisen ist uneigennützig und friedsam.

Es gibt nur ein Volk und das ist die Menschheit

Es gibt nur ein Land und das ist die Erde

Es gibt nur eine Sprache und das ist die Liebe

Printed by Books on Demand GmbH, Norderstedt / Germany